Made in the USA
Las Vegas, NV
16 December 2021

38280956R00066